LA PUERTA DE UN SOLO NOMBRE

Antonio Pascual Pareja

LA PUERTA
DE UN SOLO NOMBRE

COLECCIÓN LA CRUZ DEL SUR • EDITORIAL PRE-TEXTOS

MADRID • BUENOS AIRES • VALENCIA • 2025

Primera edición: noviembre de 2025

© ANTONIO PASCUAL PAREJA, 2025

© DE LA PRESENTE EDICIÓN: PRE-TEXTOS, 2025

LUIS SANTÁNGEL, 10
46005 VALENCIA
WWW.PRE-TEXTOS.COM

IMPRESO EN ESPAÑA
ISBN: 978-84-10309-93-7 • DEPÓSITO LEGAL: V-4387-2025

DISEÑO DE LA COLECCIÓN: ANDRÉS TRAPIELLO Y ALFONSO MELÉNDEZ

AL CUIDADO DE LA EDICIÓN: MANUEL RAMÍREZ

Viñeta: Fernando Pascual Pareja, *Un paseo invernal*

Impreso en Safekat S.L.

«Qué busca Perceval. Ni él mismo lo sabe, no lo ha sabido nunca, apenas se toma el tiempo de dormir en castillos desiertos cuando despierta, va de una aventura a otra y luego un día encuentra: una oca cenicienta pasa por el cielo gris, la flecha de un cazador la alcanza bajo un ala, tres gotas de sangre caen en la nieve. Perceval baja del caballo, se acerca y se inclina, mira las tres manchas de sangre roja sobre la nieve blanca. Mira y mira. Durante horas y horas. En su forma, en su color, en el juego entre ellas, las tres gotas de sangre le dicen algo, le recuerdan el rostro de una joven, le revelan al verlo cuánto amó ese rostro, qué grande era su ignorancia del amor que llegaba, en el mismo instante en que llegaba, ese rostro con fondo de infancia, sobre un lienzo de nieve. No se mueve. Ya no es presa del cansancio, sale fuera de él, y no sabe volver a entrar porque él ya no está en sí mismo, tan sólo está en ese amor lejano, porque ya sólo está en su propia ausencia, donde sólo el amor reina. En qué se reconoce lo que se ama. En ese arrebato de calma, en ese golpe que alcanza el corazón y en la hemorragia que le sigue –una hemorragia de silencio en la palabra–. Lo que se ama no tiene nombre. Se nos acerca y posa su mano sobre nuestro hombro antes de que hayamos encontrado una palabra para pararlo, para nombrarlo, para detenerlo nombrándolo. Lo que se ama es como una madre, la que nos da a luz y nos regenera una y mil veces. Tres gotas de sangre. Tres palabras rojas en la vida blanca. Unos caballeros vienen a buscar a Perceval, el rey quiere hablarle. No responde, sigue inclinado sobre la nieve roja, indiferente ante los que pretenden llevárselo a otra parte, más lejos, al mundo cansado, fatigoso. La poesía comienza ahí, en ese capítulo, hacia fines del siglo XII, en cincuenta centímetros de nieve, cuatro frases, tres gotas de sangre. La poesía, el final de todo cansancio, la rosa del amor en las nieves de la lengua, la flor del alma al filo de los labios. Es en ese siglo, en esa furia por las hazañas, por las deudas de sangre y por las guerras de honor, cuando los trovadores toman el nombre de una mujer entre sus dientes y dejan elevar su canto, una llama azul en el cielo despejado. En ese mundo sin salida es donde inventan una salida, la puerta de un solo nombre en todas las lenguas, la llamada de un solitario hacia una solitaria, y la tierra embargada por la estrella de ese canto, iluminada en la atalaya de esa voz. En ese tiempo nace una nueva figura de hombre, inmóvil, ausente. Inmóvil en la nieve blanca, inclinado sobre la ausencia roja, no deseando nada más del mundo –que le dejen en paz en la contemplación de su amor–. Horas, días, siglos. Y que le dejen en paz. Siempre, siempre».

CHRISTIAN BOBIN, «Y que le dejen en paz»,
Un simple vestido de fiesta

LA SEMILLA

HA llegado el otoño. En el corazón roto teje su tela y todo queda preso, también el sol. No entres en el jardín: sus senderos trazan un laberinto, las hojas muertas ocultarán tu nombre. Ah, ¿qué puedo hacer?... ¡Aquel pájaro lleva en su pico una semilla azul!

LA PIEDRA

ESCRIBO tu nombre y enseguida lo borro: que no lo lea el corazón. Pero nada puedo hacer: escrito está tu nombre en esta piedra.

SECRETO

TODO amor es secreto. El poeta dice, pero calla mucho más. Llora ante la puerta del humillante Amor: «Mi predilecto, no puedes entrar».

Un ángel me sonríe y deja un ala en mi espalda. Un ala blanca y sola.

Todo amor es secreto. La muerte recoge todos los libros. Dios los lee.

¡ESTRELLA, estrella! Ahora que es de día y los hombres se afanan en sus rutinas, nace una estrella en mis ojos. Bien veo que es de noche y ella arde en esta oscuridad que me visita. Su claridad crece y sacia. Estoy ciego. Pero el llanto de un niño me guía hasta un humilde portal…

SABIDURÍA

ACASO tú eres más tú cuando duermes. Todo lo que anhelas regresa entonces a ti, como a su bosque, de noche, una bandada. ¡Y te comprendo tan bien! ¡Y te amo tanto! Pero tú no lo sabes. O quizá sí. Porque soñar es la forma más pura de saber.

BARRO

HERMANA el Alfarero a sus criaturas. Modelan sus dedos las
alas de la golondrina, el firmamento, el río, el ojo. Sólo el hombre
olvida la marca común del barro.

CORONA

¿POR qué vives todavía, rosa? Te puso el mundo su corona de espinas. La historia ya no gira: cesó... ¡Pero tú sí repites el único gesto y te das!

MIEL

Dices: «El sol de otoño es el más bello». Hermano discreto y melancólico de la primavera, tiene la voluntad de las abejas. Liba de escondidas flores y elabora la miel de la luz, incansable, aunque cerca esté ya su final.

EL VIENTO

PASA el viento. Lleva y trae nubes –blanquísimas en el cielo,
azules sobre la tierra–; mece como quebradizos tallos los rayos
del sol. Pasa el viento y en todo deja su rastro. También en el co-
razón, que se aviva y que se apaga...
El viento sacude una tela infinita. Por un roto se ve el cielo.
En su ojo azul, una lágrima.

OᴛᴏÑᴏ, viejo amigo, grave y triste te consideran los hombres. ¿Por qué no les respondes? ¡O sí, sí lo haces: trenzas cielos de oro, regalas frutos a la tierra exhausta, transparentas el alma...! Pero es cierto –tú no lo niegas– que caen, contigo las hojas caen...

NIÑO

SOL, ¿cómo era yo de niño? ¿Comprendía tu dulzura de oro?
¿Acaso llamabas a mi alma y no te respondía? Pero la luz no
tiene tiempo. ¡Mira en la noche el fulgor de las estrellas muertas!
Ahora llega a mí aquel sol que no veía. Y soy el hombre que no le
dice al niño todo lo que sabe y el niño que le dice al hombre todo
lo que ya ignora.

RIQUEZA

REPARTE el sol sus monedas entre los pobres: el árbol, el río,
yo... En nuestras manos refulgen como oro inútil, y tan hermoso.
Dice: «Esto es cuanto podéis poseer». El cielo y la montaña se
cierran; el corazón despierta.

NI un instante nos abandona la muerte. Hasta en el ojo del niño teje su tela. Por eso ya hiere la hermosura. Quizá fuera mejor no amar, ignorar que el tiempo roe la cuerda que nos ata a la luz. En tu pecho también entrará la muerte y apagará el sol que ordena un dulce sistema. Pero déjame contemplar tu rostro, breve astro. Luego ya, la oscuridad.

¿CÓMO será en tus ojos este sol? ¿Morirá allí también, igual que un pequeño pájaro indefenso? ¿Lo cubrirá la noche con su lienzo? No lo sabrás. Tan sólo yo veré una flecha y el rastro de la sangre en el horizonte de tu iris; tan sólo yo veré cómo reparte un rey su oro entre los astros.

PARA el que ama, todo habla de su alma. Otra senda es esta senda que recorro, aunque no llegue a comprenderla enteramente. Y no es soberbia ni pobreza, sino la ganancia de quien ha cruzado el umbral.

TRAERÁ tu amor la nueva vida. En secreto trabaja el corazón. Escondido en la sombra del pecho, su plan trama, y es luego sol que propaga el orden de la luz. Ni rastro entonces de este pulso gris. No habrá tiempo ni medida. Olvidaré mi lengua. Y sólo podré hablar sol.

¡QUÉ desperdicio todo este tiempo sin ti! No debiera contarlo, como si estas horas y estos días jamás hubieran sido. ¿Qué alba, qué primavera han podido ocurrir fuera del orden del amor? Pero no: ¡esta espera ya es amor! Aquí andan sus relojes, aquí suenan sus campanas. Me asomo al río del corazón y veo tu rostro. Las manos, que podrían destruir, van diluyendo las negras letras en esta blancura.

CUANDO te llame, ¿cómo habré de hacerlo? No bastará ese nombre con el que te llaman los otros. Gastado, no dirá lo que yo quiero. Tendré que darte uno y derramarlo sobre tu cabeza como un agua nueva. Pero tampoco servirá. Entonces callaré y el beso pronunciará el nombre que no existe.

NADA cae completamente. El cielo detiene los astros; la tierra, las hojas. Un amor que no entendemos nos sostiene.

INVIERNO, Invierno, cuando mueras, ¿te esperará una primavera eterna o seguirás siendo este que eres? Yo quisiera que fueras siempre el río dormido, la tierra que sueña. Qué tristeza la del que amuralla el corazón con su soberbia… ¡Pero tú eres el inmenso bosque de flores invisibles!

CERÁMICA

I.

FLORES blancas y azules en una pieza de barro. Las manos del alfarero, los ojos del pintor desaparecieron hace tiempo. Tú y yo: flores blancas y azules en una pieza de barro.

II.

VIVEN ramas, flores y frutos en el sueño del barro. Huella son de lo que ya no existe. ¡O sí, sí existe! Es el suyo un tiempo inconcebible que no sabemos nombrar: *ahora* no es, ni *entonces*, ni *mañana*, ni siquiera –aunque casi– *todavía*.

La mano del Alfarero escribe tu nombre en mi pecho oscuro, escribe mi nombre en tu pecho claro. Lo mismo hizo y hará con otra arcilla. Hasta que el sol se desprenda de su rama.

TANTA claridad sube de la nieve que allí, sobre la sierra, el cielo se rinde y abre una frontera blanca. Las manos de la nieve son pequeñas; su delicadeza es –como la tuya– una muestra de extrema habilidad. ¡Qué maravilloso desorden imponéis las dos convirtiendo la tierra en sol, el sol en tierra!

LA COSECHA

YA la nieve ha sembrado su cosecha. ¿Qué brotará de sus semillas puras? Irá desatando el sol el nudo blanco de las cimas y desbordará la claridad el cauce de los ríos. Valles y llanos tendrán un rumor de cumbres. Y nunca será tan dulce el mar.

AHORA que el sol se ha ido, se ve la nieve. Cruza una pequeña bandada negra: alas mudas, invisible senda. Nada hay allí por donde va, entre el cielo y la tierra.

ESCRITORA

Tu pecho es un libro que tu corazón escribe. Más frágil que el papel, un día la muerte lo destruirá. Leo sus maravillas. Tú –autora tan modesta– no le das importancia a tu escritura, pero yo no tengo otro libro.

CADA latido, una letra sobre una hoja blanca. ¡Qué hermoso libro tu pecho! Paso las páginas: un ciervo blanco, un prado blanco, un pájaro blanco… El misterio es la claridad. ¿Qué cumplimiento, qué final puede tener el amor sino este principio?

CUIDAS cada día la rosa. Una vez te vi hacerlo: en la estancia blanca vertías sobre ella un poco de sueño.

EL ORDEN

LA noche deshecha en estrellas que el alba junta; el manantial, luego río y mar y perla; el hombre que crece y olvida y es otra vez niño ante el umbral. Hay un orden puro que nos somete, una escalera que va ennobleciendo hacia lo alto sus peldaños: oro, mármol, madera y, arriba ya, tierra y luz sola. Así, el ritual de los amantes: la palabra, la mirada, el beso.

LA NIEBLA

LA niebla es signo de otro verano, estación de un año que apenas comprendemos. Allí luce un sol blanco que madura los frutos, pero nosotros no lo vemos. La niebla enseña bien: sólo lo necesario. Como un anhelo, enlaza la mirada. Y, si te adentras, será la novia que entrega la pura reserva de su pecho.

EL SUSTENTO

Yo no sabía que, tras probar tus besos, no me iba a gustar otro alimento. Todo es insípido y escaso. ¿Dónde un fruto tan dulce que me sacie? Languidezco y para no morir tomo luz –la que gotea de las hojas, la que refresca con una cinta las copas de piedra, la que pisa las uvas de poniente– y bebo, bebo cuantos versos puedo.

¿QUÉ harás con este día, pequeño tiempo que llama? ¿Dejarás que se aleje o permitirás que entre, como un mar, en la delicada costa de tu pecho? Yo no lo veré. O sí lo veré, porque ya sólo distingo lo invisible.

ALAS

LA nieve colma de hojas el árbol despojado. Allí parecen estar seguras y lo embellecen. El viento pasa y les susurra, pero no oímos –tan discretas– su respuesta. Sometidas a las leyes de la muerte, pronto caerán. Elegirán la forma de una bandada innumerable. Llena de alas blancas, la tierra volverá a ser lo que fue.

TIENEN los días su rutina y servidores que velan por su cumplimiento: el alba y la tarde, el viento y las estrellas... Pero ¿qué hacer con esta nieve? Ahí sigue: sueño infantil, irrompible seda, ave salvada. Así, tu pecho, donde escucho la blancura, el primer sonido del mundo.

¡AH, qué extraña la poesía, que sacia y da sed! Como la llama, aclara la penumbra y ciega. Tómala en tus manos y avanza: tendrás siempre la certeza del misterio.

NIÑA

COMO el hombre que mira a su hija y piensa: «Antes de ti, la inexplicable nada; ahora tú, orden del mundo». Nadie me había descubierto esto: la ternura de una madre y el desvelo de un padre, el prodigio y la muerte.

¿ADÓNDE se precipita, rauda y limpia, esta agua? Es tan pura que ignora su destino, o acaso no le importe ni lo tema. Cumple su labor. Que el árbol sea sereno y la noche callada; el agua es febril y rumorosa. Pero no olvides celebrar sus remansos porque, si hay una lección en la corriente, también la hay en lo que se queda y agradece a las riberas.

«Si Dios nos otorga además un mañana, recibámoslo con júbilo. Es muy feliz y dueño seguro de sí aquel que espera el mañana sin inquietud. Todo el que dice "he vivido", al levantarse, recibe cada día una ganancia».

SÉNECA, *Epístolas morales a Lucilio*, I, 12

CUANDO llegue la noche, recoge los frutos que el sol ha madurado. No dejes que se pierdan. Dichoso, afirma lo que el clásico: «He vivido». Regresará entonces a ti este día. Y mañana, al despertar, recibirás un nuevo don, el más preciado, acaso el último.

SÓLO

DESANDO el camino. Me alejo del río. Nada oigo. Ni montañas, ni árboles, ni pájaros, ni hombres. Sólo el río.

Prensa la noche el sol. Guarda el pecho el vino de las horas. Bajo las estrellas, beben su corazón los hombres.

¿No pasan mis ojos estas montañas? ¡Sí, sí las pasan! Al otro lado –¿qué otro lado?– se extiende otra hermosura, otra soledad. Pero, si no pudiera cruzar, si este muro me detuviera, habría siempre una ganancia. Porque estas montañas son orilla, principio de horizonte. Y, aunque me aleje y ya no las vea, ellas seguirán girando en torno a nosotros –hombres del llano– igual que una luna leal y generosa.

¡CÓMO se ofrece la tierra, sin reparos! Abre su sangre en ríos y frutos. ¿Para qué guardarse algo, si vivir es entregar? ¿Y nosotros no somos como ella, no debiéramos serlo? Se estropea el vino en las bodegas del desprecio. Afuera todo imita al sol: senda, flor, madre…

LA CUEVA

GOTA a gota, con paciencia de estrella, va labrando la cueva sus jardines de piedra. ¿Acaso para sí sola construye esta hermosura? En la sombra, el corazón también hace lo suyo. Las tareas sagradas serán descubiertas.

AGUA

COMO agua es la palabra verdadera, que busca siempre su paso y su aposento. Sacia la tierra y germina luego en una forma hermana. Tu ojo de niño la distingue: grieta, espiga, arco. Tu lengua de niño la nombra: luz.

MÁRCHATE tú, que desprecias lo incontable –¿cómo no lo ves?, ¿cómo no lo oyes?– de este cielo. Quizá allí una certera lanza atraviese la coraza de tu pecho. Yo me quedo en esta nada, en esta invisible abundancia que me cita y me esquiva, pues así se da lo que no cansa. Y entiendo al que parte: a veces hay que probar lejos una parva ración para saborear el excesivo alimento de esta mesa.

MUY pequeña es la puerta del alma y muy silenciosa su llave. Pero para eso están las cosas, que nos llevan y enseguida desaparecen y quedan como lo que no eran y ahora ya son. Nos llega la claridad desde una ventana, tan humilde que ya no es ni vano ni marco ni cristal, sino luz sola, y luego, otra vez, cristal y marco y vano, aunque distinto ya todo y nuevo y otro, como un niño sobre cuya cabeza se hubiera derramado el agua de su nombre.

FE

Es mío el gozo de los ríos, que descubren su destino en la corriente que los lleva. La entrega aclara y el lecho convierte lo escondido en transparencia. Así discurro, firme en cauce y en riberas, confiado a las aguas que afluyen y a la señera cumbre que no veo.

CADA tarde tomas nuevamente el pan del sol y lo repartes, nos ofreces luego la sangre en que la luz se ha transformado. Amarga es esta hora grabada para siempre en el cielo. Pero alegre también: nos sentamos a tu mesa y podemos mirarte y escucharte. De noche, regresamos a casa ahítos de dulzura.

¡QUÉ bueno es el azar conmigo: pienso en ti y tocan unas campanas! No sé desde dónde echan estas redes que me apresan mansamente. Como lavanderas, se arrodillan a la orilla del aire y en piedras de luz lo limpian. En la corriente se diluye toda turbidez y yo, que no he dejado de pensar en ti, vuelvo a pensar en ti cuando ellas cesan y el cielo es nuevo.

¡QUÉ dulcemente se pone el sol tras esa montaña que, abrasada, ahora no se ve! Es como tocar tu pecho y recoger una cosecha de miel. El lugar no voy a decirlo: en secreto se gusta lo que se ama. En secreto saboreo la hermosura, las letras de tu nombre y el pan que deja en el alma su blancura.

PAN

COMO el sol que se hunde tras las montañas y las hiere y las inflama es el pan que el alma come. Queda luego el horizonte encendido y lacerado. Y en la noche se calla todo y se adormece. Más áspera que el día, da lo que Él sabe que basta: un poco de luna, algunas estrellas, pedazos de su pan.

Pintada de azul y de doradas estrellas, la bóveda. ¡Como si no fuera ella sola ya cielo! Más arriba se suceden también colores y astros, y, así, se duplica el esplendor del firmamento, el libro que nos consuela de la fatigada tierra.

TUYA también es la niebla, esparcida para que veamos lo que no podemos ver. Si viéramos por completo, ¡qué ciegos estaríamos! ¿Qué extraño sol es este que ocultando muestra, que velando alumbra? Pero todo —el niño, el árbol, la estrella— crece en el espacio que el amor le abre. No quites de mis ojos esta blanca venda y pueda largamente contemplarte.

LIMOSNA

HE tenido que pedir. ¿Qué otra cosa podía hacer? Los días se acortan, las noches son frías... Un árbol me ha dado una hoja de oro.

EL PUÑO

SE abren mis ojos niños al día, tan ansiosos, tan indefensos. Encuentran maravillas. Y trampas. Hay que cerrarlos también, dejar que en ellos crezca –como en el puño de la noche– el sol.

CERO

Oh, silencio, cero de oro,
sol sin ocaso.

THOMAS MERTON,
«Ama el invierno cuando los árboles enmudecen»

ECHO las palabras al corazón, avivo el fuego que me salva.
Elijo –como el bien y la verdad– el silencio. Tú sabrás escucharlo.

Sabrás sumar la riqueza que no cuenta, la cantidad innumerable
del latido, la arena de la alegría, el cero del sol.

ABANDONA la luz el aire, entra en el pecho y lo dilata, como si fuera tierra también. Aves son los latidos; arroyos, las venas; sendas, los sueños. Un bosque, el corazón.

CARTA

ESCRIBE la flor una carta. Apoyada en la hierba, sentada en una rama o en la grieta de una roca… Qué bello es lo que dice. Y no espera respuesta.

CRIBA

Ha cribado el tiempo el corazón. Curtidas manos manejaron el cedazo. Qué sencillos y eficaces –sin aspereza– parecen ahora, en el reposo, la madera y el metal. En una vasija, la blancura.

ÍNDICE

ACABOSE DE IMPRIMIR ESTE LIBRO

EL 21 DE NOVIEMBRE DE 2025